E. Van der Vlugt
Directeur du « Monde Nouveau » et de « The New World »

LA

Société des Nations

&

l'Internationale

Éditions
du
" MONDE NOUVEAU "
42, Boulevard Raspail
PARIS

Prix : **1 FR. 50**

LE
MONDE NOUVEAU

REVUE MENSUELLE INTERNATIONALE

Paraissant le 20 de chaque mois

AYANT POUR BUT

le rapprochement social, économique, littéraire et artistique entre la France et l'étranger

Directeur-Fondateur :
E. VAN DER VLUGT

Rédacteur en chef :
GUSTAVE-LOUIS TAUTAIN

Secrétaire général : **ADRIEN LE CORBEAU**

ANGLETERRE : **H. WICKHAM STEED**, *Rédacteur en chef du* TIMES, **GEORGE H. MAIR**.

Direction, Rédaction, Administration : 42, **BOULEVARD RASPAIL, PARIS (7ᵉ)**
Téléphone : Fleurus 27-65

Service commercial et Publicité ; 20, **RUE BOISSY D'ANGLAS** Téléphone : Elysées 61-18

LONDON OFFICES : " The New World " 8, Stone Buildings Lincol's Inn, W. C. 2.

Conditions d'Abonnements

FRANCE		ETRANGER : Un an	50 fr.
Un an	40 fr. »	ANGLETERRE (édit. angl.) Un an	30 sh.
Six mois	22 fr.	ETATS-UNIS (édit. améric.) Un an	6 dol.
Trois mois	12 fr.		
Abonnement aux deux éditions : française et anglaise			80 fr.

LE MONDE NOUVEAU

REVUE MENSUELLE INTERNATIONALE

Paraissant le 20 de chaque mois

AYANT POUR BUT

le rapprochement social, économique, littéraire et artistique entre la France et l'étranger

Directeur-Fondateur :
E. VAN DER VLUGT

Rédacteur en chef :
GUSTAVE-LOUIS TAUTAIN

Secrétaire général : **ADRIEN LE CORBEAU**

ANGLETERRE : **H. WICKHAM STEED**, *Rédacteur en chef du* TIMES, **GEORGE H. MAIR.**

Direction, Rédaction, Administration : 42, **BOULEVARD RASPAIL, PARIS (7ᵉ)**
Téléphone : Fleurus 27-65

Service commercial et Publicité ; 20, **RUE BOISSY D'ANGLAS** Téléphone : Elysées 61-18

LONDON OFFICES : " The New World " 8, Stone Buildings Lincol's Inn, **W. C. 2.**

Conditions d'Abonnements

FRANCE		ETRANGER : Un an	50 fr.
Un an	40 fr. »	ANGLETERRE (édit. angl.)	
Six mois	22 fr.	Un an	30 sh.
Trois mois	12 fr.	ETATS-UNIS (édit. améric.)	
		Un an	6 dol.

Abonnement aux deux éditions : française et anglaise .... 80 fr.

La Société des Nations et l'Internationale

PRÈS le formidable cataclysme de la guerre, nous vivons à une époque exceptionnellement riche en possibilités. Elles forment comme l'atmosphère rafraîchie et purifiée où il nous faut désormais nous mettre à l'œuvre. Car si jamais période exigea des actes et des caractères, c'est bien la présente.

Un labeur énergique au cours des années qui vont se succéder fixera peut-être un avenir séculaire. Or cet avenir ne saurait appartenir aux sceptiques, mais à ceux qui ont foi en lui.

* *

Lorsque s'ouvrit le Congrès de Versailles, le monde crut revivre une nouvelle jeunesse. C'était comme un printemps nouveau après la tempête.

L'illusion fut de courte durée. Avouons-le franchement, la tempête continue à sévir, un été politique ne s'est point encore levé. S'il est donné à la Société des Nations d'empêcher dans le futur les conflits armés, elle n'a pas jusqu'à présent réussi à faire cesser les hostilités qui se poursuivent joyeusement.

Où que nous regardions le scepticisme a beau jeu. L'Irlande est toujours en guerre avec l'Angleterre. L'agitation antibritannique la plus tenace prend fin, il est vrai, en Egypte. Mais si l'Egypte se voit enfin conférer l'autonomie, c'est, si nous ne nous abusons, parce que les Indes anglaises, où la situation n'est guère meilleure, valent bien une messe.

La Yougo-Slavie offre un enchevêtrement inextricable de difficultés. A quand la décision finale pour Fiume et la Dalmatie ? En Albanie, l'anarchie est chronique. Encore au cours du printemps dernier, le dilemme russo-polonais a ébranlé jusque sur ses bases la Société des Nations, deux de ses principaux piliers, la France et l'Angleterre, suivant à l'égard des soviets une politique par trop divergente. Fort heureusement, l'orage passa, une entente intervint. Au Mexique, c'est toujours la guérilla. Le coup d'aile de la *Mexican Eagle* y agite bien des esprits. Ses sources de pétrole continueront à en faire provisoirement un terrain de chasse privé pour la commodité des trusts et cartels qui y opèrent.

En Mésopotamie, la situation n'est pas plus brillante. On devait à San Remo partager l'héritage de la Turquie. Ainsi fut-il fait et le partage est de notoriété publique. Mais ce que tout le monde sait aussi et dont on comprend toute l'importance, c'est que plus que jamais les débats économiques vont occuper une place prépondérante et décider de la direction politique de toute conférence.

Parcourons, par exemple, le texte (1) de la Convention de San Remo. Une question se pose aussitôt impérieusement à notre esprit : « S'y agit-il de rien autre que des intérêts pétrolifères en Mésopotamie ? » ou encore : « Est-ce que les prix pour la Syrie ne sont pas trop élevés en comparaison du droit limité de concession accordé aux Français dont la participation

---

(1) *Le Temps*, 25 juillet 1920.

ne peut être que d'un tiers dans le capital de fondation de la Société privée qui exploitera les puits sous le contrôle britannique permanent ? »

Et la série est infinie ! Mais considérons la convention contemporaine la plus caractéristique, le traité de Versailles. Une lecture attentive nous donnera l'impression suivante : *La guerre économique a remplacé les guerres de dynasties*, tout comme celles-ci avaient remplacé les *guerres de religion*. 1870 ne fut plus ou moins qu'un duel entre Napoléon III et Bismarck avec en plus les intrigues de Cavour.

1914 ne fut pas seulement une guerre ayant pour cause immédiate la brutale agression du parti des Junkers, qui en porteront la responsabilité écrasante devant l'histoire, mais elle fut aussi intérieurement liée à un certain nombre de circonstances économico-sociales aux origines lointaines ; ce fut une guerre de masses populaires en proie à leur tour à de mystérieuses influences émanant d'un foyer de causes confuses.

Les extravagances dynastiques — il n'est point d'autre terme pour qualifier les ambitions de Guillaume II — ont fait leur temps.

Aujourd'hui fait rage en tous lieux une guerre économico-sociale qui réclame à son tour une solution, une paix, dût-elle venir de Moscou ou de Genève. Et comme cette guerre porte sur des questions générales (travail, capital, moyen d'échange, rapports de classes, etc.), qui n'intéressent pas seulement la vie d'un peuple, mais celle des peuples entre eux, elle a inauguré une espèce de mouvement mondial qui lui donne *ipso facto* un caractère international.

Elle est sans doute un phénomène ancien, mais point cependant sous sa forme actuelle. La révolution *industrielle* du XIXe siècle et le développement de la *démocratie moderne* lui ont imprimé un caractère tout à fait spécial.

Aussi bien, envisagé sous cet angle, le traité de Versailles prend-il dans l'histoire économique une place significative et des plus originales.

Un coup d'œil sur le passé, sur le XIXe siècle, montre combien cette lutte économique est intimement liée à notre société moderne.

Un clair regard sur l'avenir fait prévoir le caractère grave de cette lutte qui oppose les peuples aux peuples et qui en même temps pousse à la constitution d'une ligue d'intérêts généraux analogue à celle qui, dans le passé, sous le nom d'Internationale, a déjà pris à plusieurs reprises une forme plus ou moins sociale en vue de la défense de ces intérêts économiques.

Bref, cette lutte est plus ardente que jamais.

Voilà ce dont les événements politiques des dernières années ont convaincu, plus fortement que jadis, les grandes masses elles-mêmes.

C'est un fait qui commande, pour une grande part, nos rapports internationaux. Par suite, le problème n'en prend pas aujourd'hui seulement une forme plus moderne, mais il en devient spécifiquement moderne et nouveau.

C'est ainsi (pour prendre un aspect plus politique de la question économique) que les trains de propagande bolcheviste roulent jusqu'au cœur de l'Asie pour annoncer aux Persans et aux Chinois un Evangile communiste. Une société, conforme aux conceptions abstraites du tsar Lénine doit triompher et triomphera, affirme-t-on, non seulement en Russie, mais dans tout l'univers civilisé. La victoire sur le capitalisme à l'intérieur des frontières nationales ne peut suffire, en effet. Cet ennemi mortel ne doit pas être laissé plus longtemps guettant aux portes du pays. Le but ultime de cette guerre est donc aussi international que possible. Les peuples qui refuseraient d'entrer dans cette nouvelle organisation mondiale doivent sans tergiverser, être couchés sur un lit de Procuste afin de participer à ses bénédictions, aux bénédictions de l'Internationale de Moscou !

Ceci suffit à démontrer que la guerre de dynasties a été remplacée par celle des *intérêts* économiques et sociaux. Et ces derniers forment une partie tellement intégrante de la vie économique de chaque peuple que l'on rencontre journellement des esprits railleurs, volontiers disposés à ridiculiser cet autre grand organisme qui précisément prétend lui aussi réglementer dans la mesure du possible ces rapports économiques internationaux, en suivant la voie de la discussion libre et du droit et non pas, comme Moscou, celle de la violence : la Société des Nations, de Genève.

Nous nous trouvons donc en présence de concurrents distincts et une comparaison minutieuse, du but qu'ils poursuivent, s'impose.

Les intérêts économiques sont d'une importance décisive non seulement au point de vue matériel, mais aussi au point de vue moral.

Woodrow Wilson a pu dire : « sentiments are keeping peoples together », mais il parlait ainsi en idéaliste qui ne tient pas compte des faits. Or ceux-ci ont leur logique et leur ironie.

Que l'on dise encore : « interests are keeping peoples together » et une entente mutuelle sera peut-être beaucoup plus facile. Car découvrez d'abord l'intérêt économique spécial qui lie tel peuple à tel autre et vous aurez trouvé la base solide d'une amitié durable; l'intérêt moral suivra tout naturellement. Qu'un peuple, par exemple, doive grelotter de froid parce que la tonne de charbon coûte 280 francs au lieu de 80 et parce que ce peuple a le privilège de pouvoir verser 200 francs d'impôts à la nation qui livre le charbon, nous sommes persuadés que toutes les majuscules du monde, fussent-elles celles de Liberté-Justice-Egalité-Fraternité, ne réussiront guère à réchauffer l'amitié que les harangues officielles proclament exister entre les deux peuples.

Nous ne parlerons pas davantage de ce soi-disant « genre sublime ». Il ne fait que dissimuler la réalité. C'est un vin capiteux qui trouble les idées, un brouillard importun qui masque l'horizon.

On ne se nourrit pas d'illusions.

En soumettant les faits à une critique historique plus serrée, peut-être verrons-nous qu'une grande partie du scepticisme avec lequel on accueille aujourd'hui la Société des Nations, n'est au fond qu'une simple désillusion provoquée par une inaptitude à saisir ce qu'est en réalité une nation par rapport à une autre, c'est-à-dire ce que la culture essentiellement originale de tel peuple représente en fait pour tel autre.

L'idéal n'est un aliment que s'il est né d'un contact très intime avec la réalité immédiate.

Bien des hommes se sont rompu le cou à la poursuite d'un idéal non point parce que celui-ci était trop élevé, mais parce qu'ils ne firent pas effort pour comprendre en même temps le réel et dans leur élan n'aperçurent pas les obstacles qui gisaient à leurs pieds. C'est un beau rêve poétique, certes, que celui des Chiliastes, mais il ne nous fait pas progresser d'un pas sur le terrain social. Et une organisation internationale qui veut régler les rapports des peuples entre eux, qui prédit à l'humanité un nouvel été politique, est l'un des idéaux les plus sublimes qu'ait jamais envisagé l'esprit humain. Encore est-il bon de se rendre compte au préalable si oui ou non c'est une illusion et, dans la négative, de discerner quelle est la meilleure voie pour atteindre le but : l'Internationale de Moscou ou la Société des Nations de Genève ?

*
* *

Ne nous y trompons pas. L'un des écueils les plus périlleux que puisse rencontrer la Société des Nations, c'est le sens dans lequel évoluera la société contemporaine : celui du soi-disant socialisme orthodoxe avec ses extrémistes et bolchevistes, ou celui de l'Internationale réelle ou Société des Nations ?

Que la première tendance vienne à triompher et Genève se verra bien vite reléguée au musée des antiques. Si la victoire échoit au contraire à la seconde, il y a tout lieu d'espérer qu'après une longue série d'années et un travail acharné, un soleil politique plus éclatant irradiera enfin notre terre labourée à fond. Pour le moment, nos regards inquiets ne distinguent qu'un drapeau rouge dans le brouillard.

Et puisqu'il est question d'illusion et de désillusion, qui ne se rappelle les effusions lyriques de tant de socialistes français célébrant chez nous, avant la guerre, le « Pays sacré » de Karl Marx ?

Quelles railleries ces chants à la gloire de l'Internationale entonnés avant la guerre par tant d'individus, n'inspirèrent-ils pas, après 1914, à un journaliste comme Gustave Hervé ? Et il y avait de quoi ! Quel hardi philosophe et quel prophète séduisant que ce Marx, en effet ! Gotha apparut comme une Mecque moderne à bien des esprits fameux, dénués de tout sens historique, depuis que s'y était opérée, en 1875, la réunion des partis de Karl Marx, de Lassalle, de Rodbertus et de Bebel. Et que dire des prédictions marxistes ? N'étaient-elles pas celles d'un nouveau Rédempteur ? La classe ouvrière, y était-il prophétisé — le terme n'est pas trop fort — avait renversé les barrières séparant les diverses nations. Il n'y avait plus désormais qu'une Internationale, celle des travailleurs. Une de ses sonores devises n'était-ce point : « Guerre à la guerre ? » En admettant qu'elle fût sincère, n'était-elle pas et n'est-elle pas encore un peu obscure ? Ne s'agit-il pas de la guerre à la guerre *étrangère* que, tout naturellement, l'on remplacerait par la guerre civile ? Le Reichstag en 1914 se chargea de la réponse : la plus brutale agression que le monde ait jamais vue.

Les appétits coloniaux de l'Allemagne devaient être et seraient satisfaits. Le protectionnisme allemand qui s'était entouré de murs si élevés qu'une explosion était fatale, ne vit d'autre issue que la voie barbare frayée par le glaive. Mais l'histoire est pleine d'ironie et les faits, nous l'avons déjà dit, ont leur logique propre.

Au parlement allemand, les socialistes du « Pays sacré » votèrent comme un seul homme les crédits de guerre. Et, fait plus grave encore, l'Allemagne, après avoir, dans des camps de famine, infligé aux prisonniers de guerre des cruautés sans nom, se rendit enfin coupable des déportations de Belgique.

Karl Liebknecht excepté, pas un Marxiste ne protesta. Silence de mort chez les missionnaires de cette Internationale qui semblait trop étroite pour défendre les intérêts de l'humanité, mais non ceux de l'Allemagne seule. La Sibérie connut du moins ses nombreux bannis politiques, Gotha jamais. Quoiqu'il en soit, une certitude parut avérée : l'imposture du prophète Marx. Il avait prédit que les classes ouvrières de tous les pays se tendraient mutuellement la main par-dessus les frontières et en rangs pressés feraient front contre leurs gouvernements respectifs. Or ce fut le contraire qui se produisit. Jamais les travailleurs de chaque pays (tellement le patriotisme est une réalité !) ne se rangèrent plus unanimement derrière leur propre gouvernement. Jamais les barrières nationales ne furent si hautes, pour ne pas dire si infranchissables. Le *Vorwaerts* excusait sans détour tous les actes du chancelier. Émile Van der Velde exhortait les soldats belges dans les tranchées ; Henderson siégeait aux côtés de Lloyd George. Bref : la faillite de Zimmerwald (1).

____

(1) Les extrémistes eux-mêmes avouent dans les termes suivants la faillite de la 2e Internationale : « Voilà six ans, nous étions au début de la guerre ; aux appels du tocsin, l'Internationale ouvrière s'était écroulée, brisant ses engagements, tournant le dos à ses promesses et laissant le prolétariat

* *
*

Mais nos socialistes d'aujourd'hui ne sont pas hommes à s'incliner simplement devant un tel échec. L'erreur n'est-elle pas essentiellement humaine et l'absolu n'est-il pas le mets des Dieux ?

Zimmerwald mit donc au jour un autre prophète : Lénine.

Ce taciturne et inconscient exemplaire dès plus dangereuses caractéristiques de son peuple — défaut d'observation, excès de sensibilité — appliquerait le système abstrait de Marx dans toutes ses conséquences. L'argent et les facilités de voyage accordés par un pays en guerre avec le sien ne constituaient aucun obstacle. L'argent, on le sait, n'a pas d'odeur et le feu sacré nie les faits. Et lorsque Kerenski est renversé, que la trahison envers les alliés est consommée, alors commence le régime sauveur.

Au fond, les socialistes orthodoxes et les bolchevistes sont identiques. Leur idéal commun dans le domaine économique est de voir la communauté disposer de tous les moyens de production. Les premiers veulent y parvenir par étapes et sont d'avis que la société moderne (qui ne peut se passer de l'argent comme étalon de valeur et d'échange) doit lentement s'épanouir dans le communisme. Les derniers sont férus de vitesse. Le bolcheviste est un socialiste démocrate conséquent et radical, le socialiste démocrate est un bolcheviste timide.

Cependant ce régime sauveur nous laisserait assez indifférent si au point de vue social il ne se donnait comme une nouvelle Internationale poursuivant le même but que la Société des Nations qui a toutes nos sympathies. Il nous troublerait beaucoup moins si à la fausse devise « Guerre à la guerre », il ne substituait pas la proclamation d'une guerre nouvelle, d'une guerre sainte. Le moderne rédempteur communiste ne prêche-t-il pas, en effet, l'application de son Evangile par l'épée ? Celle-ci ne doit pas être remise au fourreau avant que le capitalisme n'ait été aboli en tous lieux et surtout pas avant que tous les peuples n'aient reconnu comme l'Internationale universelle la suprématie de la classe ouvrière. Le rêve de Zimmerwald réalisé ! (1).

Sans guide, sans soutien, entre les griffes de la guerre capitaliste. » — Jean BRÉCAT : Vers l'Internationale syndicale Rouge, *La Revue Communiste*, oct. 1920.

« Au congrès national socialiste, après de nombreux discours pour et contre la troisième Internationale, un ordre du jour du conseil général du parti opposé à celui des partisans de celle-ci a été voté par 493.173 voix contre 76.225 et 5.653 abstentions. » — (*Journal*, 1er novembre 1920.)

(1) Cette guerre sainte est d'autant plus dangereuse que nous avons affaire ici avec une *traduction sociale* moderne du *rêve communiste* tel que le pose devant notre conscience actuelle la révolution industrielle du xixe siècle. C'est peut-être la raison intime de l'emballement et de la conversion au bolchevisme le plus radical de tant d'intellectuels contemporains, abusés par un semblant de réalisation de leur idéal (réglementation de la propriété, droit d'héritage, etc.)

L'un des plus purs représentants de cet idéalisme forcené c'est bien le célèbre écrivain H.-G. Wells.

Dans son dernier ouvrage, *Outline of History*, il reproche surtout au philosophe allemand d'avoir dans le domaine social créé un monde, mais de « l'emprisonner sous son crâne. » Il loue les Français de ce qu'ils pensent moins abstraitement et serrent la vie de plus près. La France est la logique dans l'histoire.

Or le même Wells est aveugle devant le fait que son ami Lénine essaie de dissocier le monde, précisément parce qu'il « l'emprisonne sous son crâne », suite fatale de l'extrême abstraction qui dégénère aisément en exaltation.

M. Wells, flanqué d'un interprète bolcheviste, vient de parcourir en automobile la sacro-sainte Russie. Il adresse de là-bas de sanglants reproches à Lloyd George qu'il accuse, ainsi que le gouvernement britannique, de présenter sous un faux jour l'Internationale de Moscou.

Jusqu'où peut aller l'idéalisme déchaîné d'un noble et grand esprit, nous le voyons par le dernier chapitre de l'ouvrage sus-mentionné et qui porte le titre de : *Les Etats-Unis d'Afrique* (sic !). Le fait, par exemple, qu'au Soudan des tribus de Bédouins ne puissent voir un train arrêté sans le piller ne semble pas troubler son optimisme. Il ne s'inquiète pas davantage du fait que les *Etats-Unis de Grande-Bretagne*, déjà constitués, pourraient être mis en péril si la propagande bolcheviste, qu'alimente la vente des diamants volés, continuait à pourrir son pays, surtout si MM. Smillie et Thomas, les leaders respectifs des mineurs et des cheminots, étaient entraînés

Il faut bien qu'un jour la société nouvelle soit constituée. L'expérience du moins doit-elle en être tentée. Tel ce misérable qui précipitait un chien d'un quatrième étage pour voir si la pauvre bête retomberait bien sur ses quatre pattes. Cette expérience ne pouvait d'ailleurs être faite qu'en Russie, patrie du Knout. Les baïonnettes russes, « l'intelligence juive », l'organisation allemande et l'ignorance du peuple en sont les meilleurs facteurs de succès.

Mais une étude économique, fort complexe en soi, du socialisme et du bolchevisme dépasse le cadre de cet article. Nous nous proposons ici de montrer les faux points de rapport entre les agissements de l'Internationale de Moscou et les efforts méthodiques vers l'harmonie universelle qu'accomplit par ailleurs la Société des Nations. Les expériences politico-sociales sont beaucoup plus compliquées que celles de la science physique où les circonstances accessoires susceptibles d'influer sur le résultat de la recherche peuvent être éliminées et neutralisées. Et ici les circonstances accessoires sont si essentiellement russes que le « made in Germany » ne peut être remplacé que par le « made in Russia ».

Aussi une Internationale sur le modèle russe, c'est-à-dire impliquant la tyrannie bolcheviste et la suppression de toute liberté, nous apparaît-elle comme une invraisemblance pour notre société de l'Europe occidentale, encore fort attachée à sa civilisation, à l'exception peut-être de quelques intellectuels aux idées fumeuses et de quelques mystiques déséquilibrés par la guerre.

*
* *

Destruction des éléments essentiels, caractéristiques dans chaque nationalité, de tout ce qui s'est élevé grâce à une culture propre, aux racines profondes, pour les *remplacer par un amalgame international sans couleur,* sans *principes fixes,* sans *nations,* voilà où aboutit logiquement la Ligue des Peuples de Moscou.

Tel est le sens réel de la propagande des Trotsky, des Lénine et de leurs adeptes. Mais il est évident que le développement de ce socialisme intransigeant, que la réalisation de cet idéal serait la fin de toute civilisation et ramènerait l'humanité aux jours où s'écroula l'empire romain.

Le fameux décret de Lénine partageant l'humanité en quatre classes : en tête les ouvriers et en bas les intellectuels, est la négation de la conception platonicienne de l'Etat et du citoyen. Cet Etat, dira-t-on, est loin de notre idéal actuel. L'individu empirique, tel que nous le connaissons aujourd'hui, n'y existe pas, alors qu'une place légale y est faite à l'esclave. Rien de plus vrai. Mais ce que le génie de Platon a montré à l'humanité, c'est que tous ses progrès, elle les doit à l'aristocratie de l'esprit. Des milliers de personnes ont vu, par exemple, bouillir de l'eau dans une marmite, tomber la foudre, etc., mais un seul être humain a eu l'idée de faire de la vapeur une force productrice, de protéger ses semblables contre les forces de la nature au moyen du paratonnerre.

---

dans la voie insensée que suit le Labour Party d'une augmentation irraisonnée des salaires, en restant sourd au sage conseil de E. Van der Velde : un salaire proportionné au travail.

M. H. G. Wells, dans une polémique spirituelle avec M. H.-A. Jones, gratifia aimablement celui-ci des épithètes de « menteur », d' « imbécile énervé », d' « esprit inculte et mal formé », et ceci parce que sir Jones refusa jusqu'à présent de reconnaître les Etats-Unis de Russie si chers à M. Wells à qui sir Jones répondit d'une façon fort amusante : « Ils pensent qu'ils peuvent gouverner et régénérer le monde par le moyen d'un comité et des constitutions internationales écrites analogues à celles que vous avez établie pour le Gouvernement et la régénération du Continent africain. La chose est aisée, en effet... sur le papier ! ! » — (*Evening Standard*, 17 septembre 1920.)

Si la nature est sans pitié pour l'individu et sacrifie le faible au fort, l'individu à son tour se montre son impitoyable vainqueur.

Tel est le point de départ originel de toute civilisation humaine. Quelques esprits supérieurement organisés pour le bien ou pour le mal mènent la marche. La masse suit tôt ou tard.

L'expérience prouve qu'il n'en va pas autrement dans le domaine social.

Les gros mouvements populaires doivent la plupart du temps leur activité à quelques conducteurs du peuple.

Nous retrouvons donc toujours et partout l'individuel.

Or l'Internationale de Moscou s'insurge *théoriquement* contre ce principe, bien qu'en *pratique* elle ne fasse que le confirmer.

En théorie, elle désire supprimer la rivalité, à ses yeux insensée, qui existe entre individus, classes et nations. Ce système, dont les conséquences les plus funestes se trouvent dans le capitalisme, doit être remplacé par le développement collectif, harmonieux de la société communiste, où le faible non seulement ne sera pas férocement sacrifié, mais où il sera accueilli et pourra librement s'épanouir.

L'élément spécifiquement individuel que présuppose toute émulation doit donc disparaître et faire place à une sorte d'individualité dans le sens communiste.

Passons maintenant à la *pratique* : la société communiste, suivant l'expérience bolcheviste, est menée, administrée, gouvernée par une dictature (1), par un absolutisme auprès duquel le régime tsariste apparaît bien anodin (2).

C'est donc l'affirmation de l'individuel.

Mais cette contradiction flagrante légitime peut-être la question suivante : Ce système d'émulation auquel la culture humaine et le développement industriel sont redevables de leurs progrès, ce système qui favorise le fort au détriment du faible, est-ce bien quelque chose que l'humanité et « l'oligarchie capitaliste » ont toujours maintenu et maintiennent encore en *dépit de tout ?* Ou bien n'est-ce pas la conséquence logique de la structure de l'être humain qui *ipse facto prescrit* ce processus ?

Pour répondre , il est plus nécessaire que jamais de se tenir sur un terrain ferme, de ne pas émettre d'un ton catégorique quelques formules abstraites (3) L'expérience historique et la sagacité critique sont indispensables pour résoudre les problèmes économiques.

---

(1) Il est en effet curieux de constater comment la logique des événements amène les orthodoxes et les extrémistes à nos conclusions.

Voici comment le terroriste « russe » Karl Radek — juif cosmopolite allemand — affirme notre point de vue :

« Tendre vers l'administration par *un seul homme*, c'est tendre à employer le mieux et le plus largement possible les administrateurs capables sortant du milieu ouvrier. »

Encore plus fort :

« Elle (cette administration par un seul homme) est nécessaire pour le développement de la dictature du prolétariat et pour l'augmentation de son influence directe sur l'administration économique du paye. » — (*Revue Communiste*, pages 137-138.)

Du côté majoritaire :

« Le type de la dictature, comme forme de gouvernement, est la *dictature personnelle*. Une dictature de classe comme forme de gouvernement est un non-sens. On ne peut concevoir la domination d'une classe en dehors de toute loi. » — Karl KAUTSKY : *Terrorisme et Communisme*, page 41. — (Jacques Povolozky et Cⁱᵉ, éditeurs, Paris.)

(2) Il est intéressant de faire observer que si la Russie bolcheviste était fidèle à ses principes, elle serait tout naturellement le pays le plus libre-échangiste du monde, puisque le libre-échange vise la suppression de la guerre économique. Or elle est *en fait* plus protectionniste que par le passé.. « Cet internationalisme économique, antithèse du libre-échange, basé non pas sur la priorité des besoins, mais sur la capacité de paiement des déficitaires, postule la nationalisation mondiale du commerce. C'est l'ancien système russe renforcé. »

(Cf. *Le libre échange en Russie*, importante étude de Raoul Labry, parue dans le *Supplément économique du Monde Nouveau*, octobre 1920.)

(3) Les abstractions employées à tort et à travers surtout sont un des facteurs les plus dangereux dans les essais de rénovation sociale. Les plus ardents disciples de Marx reconnaissent combien

Messieurs les communistes, soyez un peu moins absolus !

Ce mélange fécond que nous appelons humanité est, socialement parlant, un grand édifice à plusieurs étages capable d'abriter tous les individus. Mais cela ne signifie pas que chaque individu y ait droit à la même place.

Nous admirons, nous partageons même votre idéalisme, mais la réalité des faits nous sépare de vous.

Ce curieux mélange, en effet, cette humanité est infiniment variée. Dans le règne végétal, la différenciation est faible — pourtant il n'y a pas deux feuilles du même arbre qui soient identiques — elle est plus marquée dans le règne animal, et, plus nous remontons l'échelle des êtres, plus s'affirme la diversité. Quant aux hommes ! L'un est paresseux, l'autre laborieux, un troisième énergique, un quatrième jaloux et ainsi de suite à l'infini. Les décisions de la masse sont toujours médiocres : celle-ci semble douée d'une indolence innée. Ce n'est point par pur hasard.

Que cherche, en effet, tout individu soustrait à l'aiguillon salutaire de la rivalité ?

La moindre fatigue, la moindre douleur : la voie du moindre effort.

La loi de Newton s'applique aussi dans une certaine mesure à l'homme considéré simplement comme individu.

« L'homme est un être dont l'énergie, comme toute énergie, suit la voie de la moindre résistance, du moindre effort, dont la sensibilité recherche la moindre fatigue, la moindre douleur, et que son instinct de conservation dirige vers le moindre risque. »

Quelle garantie offre donc contre la faillite de tout progrès moral, social et artistique un système qui estime équivalentes la paresse de cet individu et l'énergie créatrice de cet autre ? En résumé, « mathématiquement, l'individu ne peut, de son libre mouvement, se déterminer à suivre la loi du travail qui conditionne tout progrès, toute civilisation. »

Voilà pourquoi un « conducteur du peuple » ne surgit pas par hasard. Voilà pourquoi dans votre paradis social, (tandis que Zinovief, le gouverneur de Petrograd, habite un des plus somptueux palais de Pétrograd), la journée de douze heures de travail obligatoire n'est que la tragique confirmation de cette simple loi vitale. Voilà pourquoi une rivalité normale entre individus et individus, nations et nations — vous avez le droit de protester contre une anormale — pourquoi un principe créateur individuel demeure une condition permanente de toute civilisation, *surtout entre nations et nations*.

Une littérature et un art qui n'émaneraient pas de la vie même d'un peuple, d'une culture originale plongeant profondément dans l'âme populaire : une sorte d'Espéranto spirituel, en un mot, serait un non sens.

Respectons le fonds strictement personnel d'un peuple !

Et c'est parce que Lénine n'a pas ce respect — nous ne parlons pas du juif cosmopolite Trotsky, le communisme étant envisagé par nous sous sa forme désintéressée — qu'il est pour nous un mauvais philosophe, un faux prophète, un fanatique qui, dans sa fureur de destruction et d'anarchie, voudrait anéantir toute notre civilisation. Dans l'atmosphère qu'il a créée étouffe toute liberté, s'arrête tout développement *des éléments essentiels caractéristiques de l'âme populaire*. Et les nations qu'il a incorporées à son

---

ces théories sont impratiques, parce que difficiles à concrétiser, à objectiver par des esprits mal avertis des méthodes expérimentales allemandes.

« Ceux qui ont exactement compris « la théorie de Marx » ont toujours été peu nombreux. Cette théorie suppose un trop grand travail intellectuel, une trop grande subordination des désirs et des besoins personnels à l'examen des conditions *objectives*. » — Karl KAUTSKY : *Terrorisme et Communisme*, page 93.

«État» évoquent pour nous des fantômes échappés de l'Hadès (la réalisation de cette espèce d'amalgame international y semble facile) plutôt que des êtres réels de ce monde qui, précisément au milieu du cours impétueux de cette nature et de cette civilisation, cherchent un appui dans une ferme et calme certitude de leur propre force et affirment ainsi leur individualité.

* *

Comme cela doit sembler l'évidence même à ceux surtout qui doivent la majeure partie de leur développement à la culture française, dont la découverte de l'âme populaire reste l'impérissable honneur !

Comme nous sommes loin ici de Montaigne !

« Le plus haut point de perfection est d'être soi-même » aussi bien pour l'individu que pour le peuple.

Comme nous sommes loin ici — en nous plaçant à un point généralement humain — de Sully-Prudhomme !

« Et plus je suis *Français*, plus je me sens *humain*. »

Nulle suppression de sa qualité de Français, mais au contraire en premier lieu son affirmation qui le convainc en même temps qu'il appartient à l'humanité.

Dans quelle autre atmosphère morale ne nous sentons-nous pas au pays de Pierre d'Amiens : Dieu et le sacrifice ! Quel autre climat spirituel que celui de Jeanne d'Arc : Dieu et la Patrie ! et mieux encore, celui de l'idée de la Patrie !

Et alors les chants enflammés de la Révolution qui devaient retourner l'âme de l'humanité ! Le moyen-âge n'avait connu qu'une liberté individuelle extrêmement limitée. Les peuples n'étaient guère que des troupeaux. Le christianisme historique avait jusqu'alors propagé plutôt une confrérie internationale qu'une religion universelle pénétrant l'humanité tout entière et créant par là une fraternité universelle.

Mais voilà la réponse à la négation de l'individu en tant que valeur politico-sociale : « Les hommes naissent libres et égaux en droits. Et non pas seulement les Français (1). »

Et plus loin : « La souveraineté réside essentiellement dans *l'universalité* des citoyens (2). »

Dieu — Patrie — Universalité — Humanité, telle est la magnifique ambiance où progresse réellement la civilisation humaine. Car ici la Patrie, dans son développement le plus riche et le plus vaste, est conservée au sein de l'Humanité comme une unité indépendante (3), comme une « substance propre » pour employer le langage de Spinoza, disciple de Descartes.

Les Croisades s'étaient trompées quant au but. Jeanne d'Arc avait eu un pressentiment de l'idée de Patrie. La Révolution (avec, au début, bien des impuretés, comme toute éruption volcanique) découvre dans sa raison et dans son cœur l'Humanité, tout en laissant à la Patrie une place d'honneur. Et parce qu'elle le sait, elle le proclame.

Elle proclame l'allemand Schiller «citoyen français » (4), parce qu'il était

---

(1) Déclaration des Droits, I.

(2) Déclaration, XVII.

(3) « La France de la Révolution est peut-être le pays qui a le plus intensivement développé le sentiment d'une *conscience nationale*, l'idéal d'un peuple qui entend se gouverner dans la liberté, l'égalité, la fraternité, la reconnaissance du droit qu'a *chaque peuple d'être ainsi lui-même* la notion d'une humanité faite de nations libres et amies. Et c'est en partant de cette grande idée qu'elle abdiqua sa propre liberté — c'est-à-dire la meilleure partie de sa personnalité — aux mains de Bonaparte et qu'elle se précipita sous ses ordres à la conquête de l'Europe. L'idée n'en était pas moins lancée — elle a fait son chemin. » — Alfred LOISY : *La Guerre et la Religion*, page 29.

(4) Décret du 6 août 1792.

« citoyen du monde ». Sa qualité d'allemand ne s'opposait pas à ce qu'il fût « citoyen du monde ». Les exécuteurs du décret n'exigèrent pas qu'il reniât d'abord ce qu'il y avait en lui d'essentiellement allemand. Et pourtant, par sa philosophie, Schiller était le fils adoptif de Kant. Mais Kant était républicain. Cela suffisait aux enfants de l'Encyclopédie.

On le voit, la conception française de la nationalité contredit expressément et celle des socialistes orthodoxes et celle de leurs disciples ultra radicaux de Moscou.

L'histoire a démontré l'inexactitude de la prophétie marxiste. Elle confirme de plus en plus la véracité des principes politiques français. C'est un outil en la solidité duquel on peut avoir confiance.

D'ailleurs quotidiennement autour de nous, cette confirmation est de plus en plus fréquente. Nous voyons comment nos prétendus intellectuels bolchevistes, après avoir été au début comme engloutis et fondus dans le rêve mystique de Lénine, ressaisis par la rude et magique poigne de la réalité, reviennent à eux, convaincus de la vanité des efforts humains pour réaliser ce songe de lunatique.

Le *Daily Herald* fondait de gros espoirs sur la grève des chemins de fer si artificiellement préparée en France au printemps dernier. Mais Jouhaux (1) donna la réponse qui convenait en déclarant, au nom de la grande majorité des socialistes de chez nous, qu'il n'était pas disposé à se soumettre aveuglément aux volontés « du Pape de Moscou ». Par antipathie pour les meneurs extrêmistes, de nombreuses unions françaises ouvrières ont perdu la moitié de leurs membres.

On se sent ici de nouveau sur un terrain solide et nul ne craint d'être emporté dans les nuages par un aéroplane bolcheviste.

La patrie de l'Encyclopédie était donc le berceau prédestiné de la véritable Internationale, de la Société des Nations. Parce que celle-ci ne veut pas unir les peuples entre eux au moyen d'une catastrophe politique, mais en suivant le cours d'une longue et graduelle transformation organique. Son berceau, nous le répétons, doit être confié au pays de Voltaire.

Il y a bien dans l'excès de patriotisme (une pénible expérience nous l'a appris) un élément désagréable, un empêcheur de se connaître et de s'apprécier mutuellement : le chauvinisme. Mais ce n'est que la caricature du patriotisme. Aussi négligeons-nous d'en parler. Le peuple qui a poussé les autres vers la Liberté, l'Egalité, la Fraternité, qui a sacrifié un million et demi de ses plus nobles enfants pour sauver la liberté et le droit des gens, ce peuple n'a pas mérité ce gêneur.

On nous a parfois reproché notre amour pour la France, notre seconde patrie.

Mais cette sympathie est plus forte que nous-mêmes.

Si nous aimons tellement la France, ce n'est certes pas par hasard ou curiosité d'esprit, mais pour la raison bien simple que son idéal la dépasse elle-même.

C'est peut-être parce que la France est la riche héritière de la culture classique de la Grèce et du courage viril de Rome...

Ce qu'il y a de certain, c'est qu'à l'imposant édifice que formait l'Allemagne et qui, au point de vue de la méthode et de l'organisation, était peut-

------

1) Le retour de Jouhaux à une conception socialiste saine et réfléchie de la société moderne a d'ailleurs vivement alarmé les extrémistes.

« Les hommes ont changé ; Dumoulin, Merrheim, Bourderon, sont allés rejoindre Jouhaux et ce sont eux qui gratifient d'insultes et de sottises les amis qu'ils ont laissés sur le sentier de la lutte des classes et qui pourtant n'ont comme ambition que celle de continuer la tâche abandonnée, que de prendre l'outil tombé de leurs mains et de donner au prolétariat son arme d'action directe. »
« Votre place — Jouhaux — était à Zimmerwald. » — *La Revue Communiste*, 1re année, page 99.

être le plus grand que le monde eût jamais contemplé, il manquait cependant ce point essentiel : *l'universalité d'esprit*. Il n'était pas assez large pour abriter l'humanité. Seuls ceux qui portaient l'estampille « made in Germany » y étaient les bienvenus et traités en enfants de la maison. L'Allemagne eut toujours une sorte de mépris pour tout ce qui ne venait pas de chez elle. Seule une Rome qui éleva un Panthéon put rêver de gouverner le monde.

Or le Kremlin n'est même pas une mauvaise imitation du Panthéon ; c'en est plutôt la négation. Aussi lui souhaitons-nous le sort de l'Empire allemand.

Tout ce qui est grand et durable *croît* avec une extrême lenteur (1). Les croyants ne sont pas pressés. La nature entière n'a pas une âme tourmentée et hâtive, mais une patience infiniment active.

L'épopée de l'humanité, l'histoire, donne un démenti à tous ceux qui croient encore aux vertus et aux possibilités d'une méthode révolutionnaire d'action directe. L'humanité progresse chaque jour, mais l'homme reste éternellement ce qu'il fut. C'est le tragique inéluctable de toute civilisation.

La révolution peut abolir certains abus passagers (en les remplaçant d'ailleurs par des nouveaux), mais elle ne peut opérer aucune transformation magique dans la nature humaine. Et combien cela s'applique-t-il mieux encore à la nature collective de chaque peuple !

L'avenir de la Société des Nations est donc dans la voie d'un fédéralisme respectant et encourageant ce qu'il y a d'individuel dans chaque nation.

Il importe cependant de ne pas se livrer à des comparaisons artificielles avec les Etats-Unis d'Amérique, dans le genre de celles qu'on lit trop souvent dans les journaux ou qu'on entend dans les Congrès.

On ne se trouve nullement en présence d'une situation pratiquement analogue à celle des Etats-Unis d'Amérique au moment de la fondation.

Elle possédait, malgré les différences profondes, nées des races importées qui la composait, une certaine unité de langue, de tradition, de législation, qui n'existe en rien dans ce qu'on voudrait appeler les Etats-Unis de l'Europe.

Pourtant, malgré ces éléments de réussite, la véritable unité ne fut obtenue qu'au bout d'un siècle.

Jugez du temps, de la patience opiniâtre qu'il faudra dépenser pour arriver dans notre vieux monde à une confédération durable et bien organisée !

Pourtant, nous y *arriverons* avec la foi et la certitude que le *principe fédératif*, qui est au fond de leur succès, fera le nôtre, s'il est *guidé chez nous*

---

(1) Pour ne point interrompre le cours central des idées, nous ne nous arrêtons pas aux nombreuses tentatives de personnages historiques célèbres en vue d'aboutir à l'institution d'une Ligue des Peuples. Précisément, le fait de vouloir « instituer » une telle ligue frappait dès lors de stérilité leurs nobles efforts.

Les grandes choses ne sont pas fondées mais croissent organiquement et harmonieusement comme la nature elle-même. Il y a un siècle, on le sait, Alexandre Ier, Metternich et Talleyrand, croyaient, au Congrès de Vienne, « instituer » une Ligue des Peuples sacrée entre toutes. Mais bien que trente-six fois sainte, cette ligue surannée devait échouer, parce qu'elle était basée sur le sable mouvant de la réaction, de l'impérialisme, de la rivalité inter-gouvernementale et surtout sur celui de la force militaire et de la paix armée. De même, par exemple, y aurait-il un gros danger dans la rivalité économique internationale qui a remplacé aujourd'hui celle des dynasties (comme nous l'avons signalé au début de cet article). On risque, en effet, de rencontrer ici aussi un sable mouvant. Pendant la guerre, il y eut en pratique et en réalité une Société des Nations. L'Internationale politique était unifiée. Les armées, les flottes étaient sous un commandement unique ; toutes les ressources, bateaux, vivres, munitions et crédits, sous une gestion unique. Dans quel but ? Définir et défendre les normes du droit international, justice, respect des obligations internationales enfin et surtout le droit des petites nations à se gouverner elles-mêmes et les protéger contre les appétits de puissants voisins. Cette Ligue des Peuples n'était pas une institution, mais elle vivait, croissait, agissait. Et pourquoi ? L'intérêt nous unissait. En d'autres termes, il n'y a pas de question qui réclame plus impérieusement l'attention de la Société des Nations que le problème du Protectionnisme et Libre-échange.

(Voir le pénétrant aperçu historique de Victor-Emile Michelet : *Idées sur la Société des Nations d'autrefois* (*Monde Nouveau*, avril 1919.)

par l'élément purement individuel que comporte toute coopération légale
et économique de chaque peuple séparément.

Dans cette véritable Internationale ou Société des Nations, chaque nation
demeure consciente d'elle-même, s'administre elle-même, ambitieuse à la
mesure de son droit et s'insère dans le nouvel organisme international en
élément indépendant, tout comme un cristal fait partie d'un *groupe de
cristaux*.

Dans ces conditions, le groupe de la Société des Nations (à mesure qu'il
pousse ses racines plus profondément dans la vie populaire de chaque nation)
se fortifie et croît en puissance proportionnellement aux nations elles-mêmes.

Ou bien, pour employer une comparaison plus littéraire : l'avenir du
groupement Société des Nations doit être comme un grand orchestre dans
lequel chaque instrument a un timbre particulier et où cependant toute
cette diversité se fond en une puissante symphonie.

*
* *

La France, pays du plus juste milieu entre un chauvinisme étroit et une
internationale vague, était le peuple le plus favorable à l'éclosion d'une
Revue internationale *de politique étrangère*, qui lutterait précisément
pour ce « juste milieu ».

Elle naquit dans les tranchées, à la Légion Etrangère. Notre Légion,
celle des *Engagés volontaires pour la durée de la guerre*, était comme une
Société en germe, où le groupement soudain des races suscita un impérieux
besoin de se comprendre.

Là, d'un commun accord, nous décidâmes de rendre cette recherche de
compréhension féconde et durable, en créant une Revue internationale,
au bon sens du mot, par le moyen de laquelle de peuple à peuple, on appren-
drait à se mieux connaître et apprécier ; un agent de liaison intellectuel en
quelque sorte.

La Revue initiale, *Les Sympathies Françaises*, ne put être fondée : le temps
n'était pas propice ; les esprits étaient trop préoccupés (1).

Nous parûmes pour la première fois sous le titre : *Le Monde Nouveau*,
appuyés tout de suite par l'élite politique et littéraire de tous les pays et
tout particulièrement de la France symbolisée, dès l'origine, par Maurice
Barrès et par René Viviani, entre tant d'autres.

Je ne cite que ces deux noms, mais avec le ferme dessein de souligner
quelle impartialité politique a toujours été notre ligne de conduite ;
et par des personnalités plus spécialement versées dans les questions euro-
péennes comme le professeur Ernest Denis.

Du côté étranger, l'amitié de M. Wickham Steed, rédacteur en chef du
Times ; d'Edouard Benes (alors professeur à l'Ecole des langues orientales) ;
de M. A. de Monzie, me fut tout particulièrement précieuse.

G.-H. Mair consentit à assumer la direction de l'édition anglaise. Herbert
Adams Gebbons se chargea de diriger les services américains du *Monde
Nouveau — The New World —* en Amérique. Nous étions encore une Revue
issue des tranchées avec le brin de chauvinisme que cela comporte.

Depuis, nous avons admis des théories parfois très libérales ; restant
toujours impartiaux, mais pénétrés de ce principe que, pour progresser,
pour vivre vraiment, il ne faut pas imprimer seulement des idées toutes
faites et surtout faites à la maison, mais chercher si le voisin n'en a pas de
meilleures et les mettre *toutes* courageusement en balance ; et depuis,

---

(1) En réalité, un petit opuscule, *La Légion de France*, a même précédé aux tranchées *Les
Sympathies Françaises*.

Le Monde Nouveau, est devenu la belle et généreuse revue que voici, grâce surtout à la collaboration habile et si dévouée de mon ami Gustave-Louis Tautain.

Il faut surtout inviter les écrivains étrangers à émettre eux-mêmes leurs idées et leurs jugements ; que, dans le même organe, un Anglais, par exemple, puisse publier une libre critique de la politique française et un Français son avis sur la question d'Irlande. C'est à cette tâche délicate et, nous l'espérons profitable à la France, que *Le Monde Nouveau* s'est consacré ; j'ose dire avec succès.

Mais nous voulons affirmer davantage encore cette politique de discussion des idées, cette recherche d'affinités qui a été dès le début notre fin.

Evidemment, nous n'avons pas l'illusion de pouvoir reformer le monde comme avec une baguette magique.

Nous avons seulement l'ambition de donner notre faible effort dans la grande poussée vers une plus parfaite Société des Nations ; poussée qui sera lente comme toutes les grandes choses mais d'autant plus sûre qu'il y aura plus de volonté de compréhension et d'union mises en œuvre.

E. VAN DER VLUGT.

Abonnez-vous au " MONDE NOUVEAU "

Parce que le *Monde Nouveau* est, en France, la seule grande revue internationale actuellement existante, la seule, par conséquent, qui réponde aux nécessités du temps présent.

Abonnez-vous au " MONDE NOUVEAU "

Parce que le *Monde Nouveau* a pour but de montrer dans toute sa diversité et dans tous ses résultats utiles **l'activité de la France** devant l'univers.

Abonnez-vous au " MONDE NOUVEAU "

Parce que le *Monde Nouveau* considère que l'action intellectuelle et morale de la France et son influence incontestée à ce point de vue sont étroitement liées à son action économique et qu'il étudie régulièrement les manifestations de la vie française dans tous les domaines.

Abonnez-vous au " MONDE NOUVEAU "

Parce que le *Monde Nouveau* paraissant à Paris, à Londres et à New-York en trois éditions de langue française et de langue anglaise, **adaptées** à l'esprit et aux préoccupations propres de chaque pays est ainsi plus puissant qu'aucune autre revue pour soutenir les **intérêts français** dans le monde.

Abonnez-vous au " MONDE NOUVEAU "

Parce que le *Monde Nouveau* pour accomplir sa tâche utile à **l'expansion française** a su créer une **vaste tribune internationale** et grouper régulièrement des collaborateurs qui appartiennent à l'élite de tous les pays.

Abonnez-vous au " MONDE NOUVEAU "

Parce qu'il étudie régulièrement le rôle de la France par rapport aux nationalités nouvelles et à la Société des Nations et qu'il souligne ainsi les éléments incontestables de sa force pour l'avenir comme pour le présent.

LE MONDE NOUVEAU

Principaux articles publiés depuis mars 1919

Léon Abensour : L'Égypte et les intérêts français. *(Juillet 1920.)*

Paul Adam : L'esprit de Reims. *(Avril-Mai-Juin 1919.)*

Hendrik-Christian Andersen : La capitale de la Société des Nations. *(Décembre 1919, Janvier-Février-Avril-Juin 1920.)*

Paul Appell, de l'Institut : La Société des Nations au point de vue scientifique. *(Août 1919.)*

Aurel : L'Ecole du Couple. *(Janvier 1920.)*

J.-M. Baldwin, membre correspondant de l'Institut : Nos futures relations intellectuelles avec l'Allemagne. *(Mars 1919.)*

Marcel Barrière : Le Passé, roman. *(De Novembre à Mai 1920.)*

Alexandre Belitch, professeur à l'Université de Belgrade : Quelques remarques sur la péninsule balkanique. *(Mai 1919.)* Un institut d'Études Slaves à Paris. *(Mai 1920.)*

Louis Bertrand : Pépète et Balthasar. *(Juillet 1920.)*

Pierre Benoît : Trois poèmes pour Junie. *(Juin 1920.)*

Léon Bourgeois : La Société des Nations. *(Mai 1919, Juin 1920.)*

René Boylesve, de l'Académie française : Feuilles tombées. *(Décembre 1919.)*

P. Besse, Secrétaire général de la Ligue Navale : Faut-il maintenir les surtaxes d'entrepôt? *(Décembre 1919.)*

Général Boucabeille, ancien chef de cabinet du général Galliéni : Vers de nouveaux horizons. *(Janvier 1920.)* L'avenir maritime de la Pologne. *(Mai 1920.)*

Andrew Boyle : Un cas à soumettre à la Société des Nation. *(Janvier 1920.)*

Dominique Braga : Rouge, *Nouvelle*. *(Août 1920.)*

Carol-Berard : Notre amie la Hollande. *(Février 1920.)* Les Musiques étrangères. *(Mars-Mai 1920.)*

J.-R. Clynes, ancien ministre du Royaume-Uni de Grande-Bretagne : La folie de l'action directe. *(Octobre 1919.)*

Raymond Clauzel : Héro et Léandre. *(Janvier et Juillet 1920.)*

Georges Le Cardonnel : Des rapports de la critique avec le théâtre. *(Mars 1919.)*

Jean Dorsenne : Poèmes. *(Juillet 1920.)*

Henri Coulon : La réforme judiciaire. *(Mai 1920.)*

Gustave Cohen, professeur à l'Université de Strasbourg : Pour l'amitié franco-hollandaise. *(Juin 1920.)*

Paul Crouzet, inspecteur de l'Académie de Paris : Le plus grand péril de la culture. *(Octobre 1919.)*

Sir Reginald Custance, amiral de la Marine britannique : La liberté des Mers. *(Mars 1919.)*

William Harbutt Dawson : La future organisation de l'Allemagne. *(Août 1919.)*

Georges Duhamel : Deux ballades. *(Octobre 1919.)*

Baron E. d'Erlanger : Le tunnel sous la Manche. *(Juin 1919.)*

Havelock Ellis : Le rôle de l'Espagne dans le Monde. *(Mai 1919.)*

J. Ernest-Charles : Pour les maisons de tous. *(Septembre-Octobre 1919, Janvier 1920.)*

Serge Evans : L'Œuvre de Louis Bertrand. *(Juillet 1920.)*

Paul Fort : Chansons à la Gauloise. *(Avril 1919.)*

J. Gould Fletcher : La poésie d'André Fontainas. *(Mai 1919.)*

Fred Morrow Fling : Les quatorze points du Président Wilson. *(Août 1919.)*

Jean Finot : La femme au point de vue scientifique. *(Décembre 1919.)*

Edmund Gosse : Un roman d'Anatole France. *(Mars 1919.)*

Herbert-Adams Gibbons : L'évolution de la politique américaine. *(Avril 1919.)* La reconstitution industrielle du Nord de la France. *(Novembre 1919.)*

Lucien Guitry : Midleford. *Nouvelle*. *(Septembre 1919.)*

Yves-Guyot : La question des changes et M. Vissering. *(Mai 1920.)*

Georges Gromaire : La surpopulation de l'Allemagne. *(Avril 1920.)*

P. Grunebaum-Ballin, président du Conseil de préfecture de la Seine : L'assurance du salaire des marins en cas de naufrage. *(Avril 1920.)*

Capitaine S.-T. Gwynn, chef « du Parti Irlandais du Centre » : L'Irlande à la Conférence de la Paix. *(Avril 1919.)*

Capitaine Jacottet : Les possibilités de l'aéronautique de paix. *(Avril 1920.)*

P.-E. Javarry, ingénieur en chef de l'exploitation du réseau du Nord : La Reconstitution du Réseau du Nord. *(Octobre 1919.)*

G. de Kuerguezec, député : La défense maritime de la France. *(Mars 1919.)*

Phileas Lebesgue : Véniselos devant l'Hellénisme. *(Mai 1920.)*

Legrand-Chabrier : Le masque en pain d'épices, *Nouvelle*. *(Avril 1920.)*

Paul Louis : L'Allemagne au 6 Juin 1920. *(Juillet 1920.)*

D.-S. Maccoll : Architectures française et anglaise. *(Mars 1919.)*

Camille Mauclair : La vie et la mort d'un héros, le général Milan Stefanick. *(Juin 1919.)*

Général Frederic Maurice, ancien chef d'état-major de l'armée britannique : La Ligue des Nations et la réduction des armements. *(Mai 1920.)*

Maurice Maeterlinck : L'hérédité et la préexistence. *(Mars 1919.)*

Charles J.-G. Masterman : La politique anglaise et la guerre des classes. *(Août 1919.)*

Paul Margueritte, de l'Académie Goncourt : La blessure, Nouvelle inédite. *(Juin 1920.)*

Victor Margueritte : Paul Deschanel. *(Février 1920.)*

F.-François Marsal, ministre des Finances : Le tunnel sous la Manche. *(Février 1920.)*

Lieutenant-Colonel Émile Mayer : Les projets de réorganisation de l'armée française. *(Octobre 1919.)*
L'armée dans la nation. *(Mars 1920.)*

Victor-Émile Michelet : L'œuvre de M. Léon Bourgeois. *(Mai 1919.)*

A. de Monzie, ancien sous-secrétaire d'État à la Marine marchande : L'avenir de la Marine marchande. *(Septembre 1919.)*

Hubert Morand : L'œuvre de « l'Alliance Française ». *(Mars 1919.)*

B. Nogaro, professeur d'Économie politique à l'Université de Caen : L'émission d'un billet de banque international. *(Juin 1919.)*
Vers un régime monétaire nouveau. *(Mars 1920.)*

Arne Novak, professeur à l'Université de Prague : Prague. *(Juin-Juillet 1920.)*

William Oualid : Le commerce extérieur de la France. *(Octobre 1919.)*

Raoul Péret, Président de la Chambre des Député : De la nécessité d'accords financiers entre les alliés. *(Avril 1919.)*

Georges Peyrabon, contrôleur général des chemins de fer : Les relations par voie ferrée entre la France et l'Europe orientale. *(Juin 1920.)*

Edmond Pilon : Les femmes dans l'œuvre d'Anatole France. *(Avril 1919.)*

J. Prudhommeaux : Rubrique mensuelle des faits et gestes de la Société des Nations.

Rachilde : La poupée transparente, pièce en un acte. *(Mars 1919.)*

L. Reaud : L'entr'aide international. Les lois sociales maritimes. *(Janvier 1920.)*

Henri de Régnier, de l'Académie française : L'ombre, poème. *(Mars 1919.)*

Maxime Revon : L'œuvre de René Boylesve. *(Décembre 1919.)*

J.-H. Rosny aîné, de l'Académie Goncourt : Le Monde humain. *(Juin-Juillet-Août 1919.)*

Jean Royère : Essai sur la poésie considérée comme art du langage. *(Juin 1920.)*

Louis Roubaud : Le théâtre de Porto-Riche. *(Juin-Juillet 1919.)*

Gaston Sauvebois : La situation politique en France. *(Mars 1920.)*

Gustave-Louis Tautain : L'œuvre de Rachilde. *(Mars 1919.)*
En Yougo-Slavie. *(Octobre 1919.)*
Le Français et l'Anglais, langues internationales. *(Novembre 1919.)*

Dr. S. Tchéou-Wei, secrétaire de la délégation chinoise au Congrès de la Paix : La Société des Nations et la Chine. *(Septembre 1919.)*

Jean Tild : A propos de l'exposition Eugène Carrière. *(Avril 1920.)*

Jean-Louis Vaudoyer : Souvenirs sur Paul Adam. *(Février 1920.*
Les flammes mortes (poèmes). *(Juin 1920.)*

Louis Vauxcelles : Le centenaire de Gustave Courbet. *(Mars 1919.)*

René Viviani, ancien président du Conseil : Par les idées, pour les intérêts. *(Mars 1919.)*

Waldemar-George : Les directions de la jeune peinture. *(Février 1920.)*

H.-G. Wells : Ce que signifie le mot Démocratie. *(Septembre 1919.)*

Comte Louis de Voïnovitch : Le Pacte de Rome. *(Juillet 1920.)*

SOUSCRIVEZ

à l'Emprunt Français 6 %

Les Souscriptions au nouvel **Emprunt Français** 6 %
sont reçues dans toutes les Banques Françaises et Alliées.

Les Souscriptions sont reçues pour 6 francs de rente
et pour tout multiple de 3 francs supérieur à 6 francs. On
peut donc verser à partir de 100 francs toute somme
divisible par 50 francs.

Sont acceptés en paiement :

1° *Le numéraire (espèces et billets de la Banque de France).*

2° *Les bons du Trésor ordinaires et les bons de la
Défense nationale émis avant le 20 Octobre 1920.*

3° *Les obligations de la Défense nationale émises avant
le 20 Octobre 1920.*

4° *Les titres de rente 3 $\frac{1}{2}$ % amortissable.*

5° *Les remboursements opérés sur les livrets de la Caisse
nationale d'Epargne.*

6° *A concurrence de moitié au maximum du prix
total de chaque souscription, les titres au porteur des
cinq emprunts précédents.*

Les titres sont délivrés immédiatement, avec les coupons
de 3 francs payables deux fois par an, le 16 Juin et le
16 Décembre. Ces coupons sont exempts de tout impôt.
De plus la nouvelle rente est inconvertible pendant 10 ans.

Les titres sont négociables à toute époque et peuvent
faire l'objet d'avances en espèces dans les banques.